BEI GRIN MACHT SICH IHR WISSEN BEZAHLT

Pia Hecht

Computus Ecclesiasticus - Die Festrechnung der Kirche

GRIN Verlag

Bibliografische Information der Deutschen Nationalbibliothek:

Die Deutsche Bibliothek verzeichnet diese Publikation in der Deutschen National-
bibliografie; detaillierte bibliografische Daten sind im Internet über http://dnb.d-
nb.de/ abrufbar.

Impressum:

Copyright © 2007 GRIN Verlag GmbH
Druck und Bindung: Books on Demand GmbH, Norderstedt Germany
ISBN: 978-3-638-91130-6

Dieses Buch bei GRIN:

http://www.grin.com/de/e-book/85305/computus-ecclesiasticus-die-festrechnung-
der-kirche

COMPUTUS

ECCLESIASTICUS

Die Festrechnung der Kirche

Pia M. Hecht

(stud.astro., stud.theol.)

Universität Wien

INHALT

I. ANSÄTZE ZUR DATIERUNG DER OSTERFEIER

1. konkurrierende Systeme – Der Osterfeststreit

Die Berechnung des christlichen Osterfestes orientierte sich von Anfang an am jüdischen Pessah. Die urchristlichen Gemeinden übernahmen aus dem Judentum den Festkalender und gaben ihm bald ihre eigene christliche Prägung. Die neue christliche Deutung des Festes als Fest der Erfüllung der messianischen Verheißung (v.a. in der Eucharistie) wurde zur Quelle der christlichen Theologie und führte zu einer Abgrenzung und später zur Trennung vom Judentum. Noch dazu gewann durch die Zunahme der Heidenchristen der römische Sonnenkalender im Gegensatz zum jüdischen Mondkalender vermehrt an Bedeutung.

Die Juden feiern das Pessah am 14. Nisan [1]. In der christlichen Literatur wird dieser Tag *Luna decima quarta* genannt.
Der Tradition nach wurde Christus am Luna XIV. gekreuzigt. Die Auferstehung wird demgemäß am Luna XVI. angesetzt. Aus diesen Annahmen entfalteten sich drei unterschiedliche Traditionen[2]

- Quartadecimaner: 14. Nisan (Frühlingsvollmond), Luna XIV.
- Dominicales: a) Fest am Sonntag nach der Luna XIV. (frühestens Luna XV.)
  b) Fest an der Luna XVI.(wenn ein Sonntag) oder am darauf folgenden Sonntag

Diese unterschiedlichen Ansätze existierten zunächst nebeneinander, doch im zweiten Jahrhundert kam es vermehrt zu Kontroversen um die unterschiedlichen

---

[1] Das jüdische Monat beginnt stets bei Neumond; der 14. Nisan markiert somit den Vollmond bei einem Mondmonat von 28 Tagen.
[2] Vgl. BACH Josef, Die Osterfest-Berechnung in alter und neuer Zeit. (1907)

Feierpraktiken und -zeiten. Diese Epoche wird liturgiegeschichtlich als *Osterfeststreit*[3] bezeichnet!

- 160 zwischen Polykarp (Bischof von Smyrna, Quartadecimaner) und Aniketos (römische Tradition der sonntäglichen Osterfeier)
- 170 ging es in Laodicea unter den Quartodecimanern darum, ob eher dem Bericht des Johannes-Evangeliums oder dem des Matthäus-Evangeliums zu folgen ist (Tod Jesu am 14. oder 15. Nisan)

Zur heftigsten Auseinandersetzung führte jedoch Bischof Victor I. (189-198) von Rom, als er die quartodecimanische Praxis als heterodox verwarf und die sonntägliche Praxis der Osterfeier zur alleinigen Form erklärte[4].

Im Osten hielt man jedoch unter Führung von Bischof Polykrates von Ephesos an der quartodecimanischen Feierpraxis fest.

Zu einer weiteren Verschärfung führten die Exkommunikation der östlichen Bischöfe und Gemeinden und die Betonung des Führungsanspruches der römischen Kirche.

In der Folgezeit setzte sich die sonntägliche Osterfeier vermehrt durch.

Wesentlich für sämtliche Festsetzungen des Osterfestes blieben aber der Frühlingsbeginn und der Frühlingsvollmond[5]. Der Frühlingsbeginn folgte mit dem 25. März aus dem römischen Kalender und bis in die Mitte des 3. Jahrhunderts wurde die Vollmondphase durch direkte Beobachtung bestimmt. Später wurde dann *Ostercyclen* oder *Canones paschales* angefertigt, um die Vollmonde und damit die Osterdaten zyklisch für einen längeren Zeitraum vorausberechnen zu können.

---

[3] Vgl. BIENERT Wolfgang A., Osterfeststreit (2006)
[4] Vgl. Eus. h.e. V, 23ff.
[5] der erste Vollmond nach Frühlingsbeginn mit dem Äquinictium

4

2. Das Konzil von Nicaea, 325

Im Jahr 325 rief Kaiser Konstantin in Nicaea ein Konzil ein, bei dem, neben der Verurteilung des Arius, auch die Praktiken der Osterberechnung thematisiert wurden. Die dominicalische Praxis wurde als Vorschlag eingebracht. Die Ergebnisse der Diskussionen wurden jedoch nicht in einer Verordnung festgehalten, sondern lediglich in einem Brief der Synode von Nicaea an die Ägypter publiziert. Erwähnungen finden sich ebenso in einem Schreiben an die Lateiner, sowie u.a. bei Eusebius und Athanasius.

„Der durch Gottes Gnade heiligen und großen Kirche von Alexandrien und den in Ägypten, Libyen und der Pentapolis lebenden geliebten Brüdern entbieten die in Nicaea zur großen und heiligen Synode versammelten Bischofe Grüße im Herrn.

Da uns in Gottes Gnade und der gottgeliebte Kaiser Konstantin aus den verschiedenen Provinzen und Städten zusammengeführt und sich so in Nicaea die große und heilige Synode konstituiert hat, erschien es dringend notwendig, von der heiligen Synode aus auch euch einen Brief zu schicken, damit ihr zu wissen bekommt, was hier zur Debatte stand, was erörtert, beschlossen und bestätigt wurde.

Allererster Untersuchungsgegenstand war – in Anwesenheit des gottgeliebten Kaisers Konstantin – die Glaubensfeindschaft und Gesetzwidrigkeit des Arius und seiner Anhänger. Einstimmig wurde beschlossen, seine glaubensfeindliche Lehrmeinung sowie seine blasphemischen Aussagen und Bezeichnungen, mit deren Hilfe er den Sohn Gottes schmähte, mit dem Anathem zu belegen. ...

A *ls gute Botschaft teilen wir euch die Übereinstimmung*
über das heilige Pascha mit: Dank euren Gebeten kam
es auch in diesem Punkt zu einer glücklichen Lösung.
Alle Brüder [sic. und Schwestern] im Osten, die bisher
mit den Juden gefeiert haben [14. Nisan], werden von
jetzt an das Paschafest in Übereinstimmung mit den Römern,
mit euch und mit uns allen, die seit Urzeit mit euch daran
festhalten, feiern. Freut euch also über das Erreichte, über den
gemeinsamen Frieden, die Übereinstimmung und die
Überwindung aller Spaltungen und nehmt mit umso größerer
Achtung und Liebe unseren Mitliturgen, euren Bischof
Alexander, auf, der uns durch seine Gegenwart erfreute und der
in seinem Alter noch eine so große Mühe auf sich genommen
hat, damit auch bei euch Friede werde. Betet auch für uns alle,
damit diese Beschlüsse Bestand haben durch Gott, den
Allherrscher, und durch unseren Herrn Jesus Christus im
Heiligen Geist. Ihm sei Ehre in Ewigkeit. Amen."[6]

Das Osterfest wurde also auf den Sonntag nach dem Frühlingsvollmond festgelegt, wobei als Frühlingsbeginn der 21.März fixiert wurde.

Sämtliche Beschlüsse der 250-300 Bischöfe wurden vom Kaiser zu Reichsgesetzen erhoben.

Trotz des Beschlusses von Nicaea im Jahr 325 war eine einheitliche Feier noch nicht erreicht. Aufgrund der unterschiedlichen Osterzyklen der Alexandriner und Römer, kam es zu Unterschieden in der zyklischen Berechnung der Ostertermine.

---

[6] WOHLMUT Josef, ALBERIGO Giuseppe etal., Dekrete der oekumenischen Konzilien (1998)
Aus einem Brief der Synode von Nicaea an die Ägypter

3. Zwei unterschiedliche Osterzyklen

In ROM[7] fand vermutlich seit dem Jahr 214 ein 84-jähriger Zyklus Verwendung.

In ALEXANDRIEN[8] gab es bereits zwei unterschiedliche Ansätze zur Berechnung des Ostertermins. Der erste Ansatz stammt aus der Mitte des dritten Jahrhunderts von Bischof Dionysius. Er führte einen 8-jährigen Zyklus ein.

Bischof Anatolius von Laodicaea ersetzte die Oktaéteris wenig später durch einen im Jahr 277 startenden 19-jähringen Zyklus, für den er das Frühlingsäquinoktium auf den 19. März, die früheste Ostergrenze auf den 20. März und den frühesten Ostertag auf den 21. März legte [9]

Mit einigen kleineren Modifikationen wurde dieser Osterzyklus etwa ab 285 von den Alexandrinern gebraucht und auf dem Konzil von Nicaea bestätigt.[10]

Woher das Datum des Frühlingsäquinoktiums – 21.3. – kam ist jedoch nicht ganz klar. Im Jahr 325 des Konzils war es der 20.3., für das Jahr 277 des 19-jährigen Zyklus der 20.3. Für mich wäre nach den Auseinandersetzungen des Osterstreites ein Kompromiss des Konzils von Nicaea denkenswert:

> Der 19-jährige Osterzyklus (277) der Alexandriner mit dem
> Frühlingsäquinoktium des 84-jährigen Zyklus (214) der Römer.

Erst ab dem sechsten Jahrhundert setzte sich die Angleichung der Osterberechnung durch. Dazu trugen wesentlich die Ostertafeln des *Dionysius Exiguus* bei, der darin den 19-jährigen Alexandriner Zyklus fortsetzte und auch in Rom einführte.[11]

Er enthielt ursprünglich 8 Spalten: 1. Anno Domini nostri Jesu Christi, 2. Indictiones, 3. Epacte lunares, 4. Concorrentes, 5. Lunari Cyclus, 6. Luna quarta decima pasche,

---

[7] Vgl. SCHMÖGER Ferdinand von, Grundriss der christlichen Zeit- und Festrechnung (1854)
[8] vgl. ebd.
[9] Vgl. BACH Josef, Die Osterfest-Berechnung in alter und neuer Zeit. (1907), sowie SCHMÖGER Ferdinand von, Grundriss der christlichen Zeit- und Festrechnung (1854)
[10] mit einem (zur einfacheren Berechnung) auf dem 21. März fixierten Frühlingsäquinoktium
[11] Die Franken und Briten glichen sich erst im 8. Jahrhunderts an; wesentlich durch den Mönch Beda Venerabilis, vgl. SCHMÖGER Ferdinand von, Grundriss der christlichen Zeit- und Festrechnung (1854)

7. Dies dominicus pasche, 8. Luna ipsius diei (des Ostersonntages); später wurden sie erweitert.

Bis zur Einführung des Gregorianischen Kalenders im Jahr 1582[12] wurde damit in großen Teilen der christlichen Welt das Osterfest in Übereinstimmung gefeiert.

Als Beispiel für eine Ostertafel sei hier jene der Äbtissin *Herad* aus dem 12. Jahrhundert genannt.

In jedem Kästchen links oben befindet sich ein Osterlunarbuchstabe

(1175 - .D œ Ostersonntag ab 13.04.) ......

Punkte (Wochen) und Striche(Tage) geben den Zeitabstand von Weihnachten (25.12) und dem Fastenanfang (6 Wochen vor Ostern) an.

Ebenso finden sich Markierungen für Schaltjahre und natürlich ein Symbol für den Beginn des 19-jährigen Zyklus der Tafel.

Ebenso sei die *Ostertafel aus dem Stift Zwettl* aus der zweiten Hälfte des 12. Jahrhunderts erwähnt. Ein für den österreichischen Raum wesentliches Beispiel einer *tabula paschalae.*

---

[12] Hier sind die unterschiedlichen Jahre der Einführung des Gregorianischen Kalenders in den verschiedenen Ländern zu beachten.

II. DIE BERECHNUNG DES OSTERTERMINS

Der Osterzyklus (auch *cyclus paschalis* oder *cyclus lunisolaris* genannt) ist eine Vereinigung des Mondzyklus und des Sonnenzyklus, zur Berechnung von Vollmond und Wochentag.

Der Termin des Ostervollmondes (Luna XIV) wurde durch die zyklische Berechnung der Neumonde (Osterneumond, gen. *incensio lune paschalis*) und Zählung der Tage ermittelt.

Dazu gab es mehrere Methoden, die mit eigenen chronologischen Hilfsmitteln arbeiteten. Im Folgenden ein kurzer Überblick:

1. Ostergrenzen (terminus paschalis)

Es existieren 35 mögliche Ostertermine, zwischen dem 22. März und 25.April (genannt *dies vagi* oder *mensis novorum*)

Als Ostergrenze wird der Tag des Ostervollmondes bezeichnet

Zur Berechnung eines Ostertermins aus den *termini* sind nun mit Hilfe von Tabellen[13] folgende Schritte zu befolgen:

- Bestimmung der Goldenen Zahl für ein bestimmtes Jahr
- Bestimmung der zugehörigen Ostergrenze und des Tagesbuchstaben
- daraus Bestimmung des Sonntagsbuchstabe des Jahres
- → Ostersonntag

2. Festzahlen

Die Festzahl ist in der alexandrinisch-dionysischen Berechnung die Ordnungszahl in der Reihe der 35 möglichen Ostertermine.

Die Festzahl wird mit dem Osterbuchstaben (*littere paschales, annales, tabulares*) verknüpft, der Teil der Lunarbuchstaben (*littere lunare*) ist.

---

[13] Vgl. etwa die Tabellen in GROTEFEND Otto (Hrsg.), Taschenbuch der Zeitrechnung (1935[7])

Die Lunarbuchstaben gehören zu den ältesten Hilfsmitteln bei der zyklischen Berechnung der Mondphasen.

Der Berechnung erfolgt ebenfalls mittels Tabellen[14]:

- Bestimmung der eines bestimmten Jahres Festzahl
- Verknüpfung mit dem Osterbuchstaben aus einer weiteren Tabelle

→ Ostersonntag

3. Gaußsche Formel

Als wesentliches Instrument der Osterberechnung gilt die Gauß´sche Osterformel, die im Folgenden dargestellt ist.

$a = \mod(J, 19)$ A = Jahreszahl (z.B. 3000)

$b = \mod(J, 4)$ H = Zahl der Hunderter (z.B. 30)

$c = \mod(J, 7)$ $(x/y)_q$ = Quotient ; $(x/y)_r$ = Restklasse

$d = \mod(19a + M, 30)$ $M = [(15 + H - (H/4)_q - ((H-((H-17)/25))/3)_q)/30]_r$

$e = \mod(2b + 4c + 6d + n, 7)$ $N = [(4 + H - (H/4)_q)/7]$

(22 + d + e)-ten März   **ODER**   **(d + e – 9)-ten April**

---

[14] ebd.

III. EIN GEMEINSAMER OSTERTERMIN FÜR ALLE CHRISTEN?

1. Die Gregorianische Kalenderreform

Die Osterfestrechnung war auch mit ausschlaggebender Grund für die Gregorianische Kalenderreform. War kirchlich das Frühlingsäquinoktium auf den 21. März festgelegt, hatte es sich bis zum 16. Jahrhundert bereits auf den 11. März verschoben. Um das Kalenderjahr wieder in Einklang mit dem Naturjahr zu bringen[15], wurde bereits auf dem Konzil von Trient (1414) eine Kalenderreform beschlossen. Die Umsetzung jedoch verzögerte sich. 1475 rief Kardinal Nikolaus von Kues den Astronomen Johannes von Königsberg, gen. Regiomontanus (Wiener Astronomische Schule) nach Rom, um an der Kalenderreform zu arbeiten. Noch bevor er die Arbeit richtig beginnen konnte, starb Regiomontanus jedoch in Rom [16].

Erst über 100 Jahre später konnte die Kalenderreform durch die Enzyklika *Inter gravissimas errores* (24.2.1582) von Papst Gregor XIII. durchgeführt werden. Zu diesem Zweck folgte auf Donnerstag, den 4. Oktober Freitag, der 15. Oktober 1582. Somit wurde der Kalender an das Naturjahr angeglichen und auch die Kontinuität der Wochentage gewahrt. Eine neue Schaltregel[17] näherte die durchschnittliche Jahreslänge noch weiter an jene des tropischen Jahres an[18].

Die Umsetzung des Kalenders in den einzelnen Staaten erstreckte sich über Jahrhunderte. So übernahm Russland den Gregorianischen Kalender erst im Jahre 1918 und die Türkei erst 1927.

---

[15] Der Unterschied der Jahreslängen des Julianischen Jahres (365,2500d) und des Tropischen Jahres (365,2422) Jahre betrug immerhin 12 min. und führte über die Jahrhunderte zu einer enormen Verschiebung des Kalenderjahres gegenüber dem Naturjahr.

[16] Vmtl. an einer in Rom zu dieser Zeit gerade grasierenden Seuche. Sein Grab befindet sich auf dem Campo Sancto Teutonico neben dem Petersdom.

[17] Alle 4 Jahre wird ein Schaltjahr eingefügt; Säkularjahre nur wenn es durch 400 restlos teilbar ist (Sonnengleichung).

[18] Der Unterschied der Jahreslängen des Gregorianischen Jahres und des Tropischen Jahres Jahre beträgt nur mehr 26 sec. Somit ergibt sich eine Verschiebung von einem Tag erst nach 3323 Jahren.

Durch die unterschiedliche Umsetzung der Gregorianischen Kalenderreform war jedoch auch die Gemeinsamkeit des Osterdatums nicht mehr gegeben. Während die lateinische Kirche im neuen Kalender rechnete, behielten die orthodoxen Kirchen noch für Jahrhunderte den Julianischen Kalender bei.

Im Jahre 1923 wurde in der orthodoxen Kirche der *Neujulianische Kalender* [19]eingeführt. Diese Entwicklung des jugoslawischen Astronomen Milutin Milankowitsch erweist sich als größtenteils mit dem gregorianischen Kalender ident, beinhaltet jedoch eine kompliziertere Schaltung, wodurch er mit einem Jahreslängenunterschied von lediglich 2 sec. wesentlich genauer ist als der Gregorianische Kalender. [20]

2. Oster-Probleme der Moderne

a. Das paradoxe Osterfest

Die zyklische (ekklesiastische) Berechnung des Ostertermins „beruht auf der Verwendung von Zeitkreisen (Zyklen) innerhalb derer sich annähernd gleiche astronomische Konstellationen wiederholen."[21]

Da dies jedoch bloß eine Approximation ist, kommt es vermehrt zu sog. *Osterparadoxien*; Denn astronomisch gesehen ist das Frühlingsäquinoktium nicht auf dem 21. März fixiert, sondern Variationen unterworfen. So wird Ostern vielfach nicht mehr am Sonntag nach dem Frühlingsvollmond gefeiert, sondern erst ein Mont später.

---

[19] Vgl. W.HOERNER, Der Kampf um das bewegliche Osterfest (1998)
[20] Diese Genauigkeit ist vor allem auf die im 20. Jahrhunderts bereits besser bekannten Bahnen von Sonne und Mond zurückzuführen, die für die Kalenderberechnung die grundlegenden astronomischen Maßstäbe darstellen (Luni-solarer Kalender). Der geringe Jahreslängenunterschied des *Neujulianischen Kalenders* führt erst nach 43 500 Jahren zu einer Verschiebung von einem Tag. Vgl. W.HOERNER, Der Kampf um das bewegliche Osterfest (1998)
[21] W.HOERNER, Der Kampf um das bewegliche Osterfest (1998), p.19

b. Eine Fixierung des Osterfestes?

Seit dem Ende des 19. Jahrhunderts werden immer wieder Stimmen laut, die das Osterfest und damit alle beweglichen Feiertage aus wirtschaftlichen Gründen im Kalender fixieren möchten[22].

Vor allem in der Zwischenkriegszeit entstanden Gremien und Organisationen, wie das Kalendergremium in der *IAU* oder die amerikanische *World Calender Association*, die dieses Anliegen (in Hinblick auf die Erstellung eines Weltkalenders) vor den Völkerbund brachten.

Auf derartige Anliegen antwortete Kardinal Pacelli (der spätere Papst Pius XII.) am 30.12.1932:

> *„dass die Bestimmung des Osterfestes vorrangig eine religiöse*
> *Frage ist, für die der Hl. Stuhl zuständig ist und dass ... der Hl.*
> *Stuhl in dieser Sache keine Ausnahmen machen kann."[23]*

Bereits in den 20-er Jahren des 20. Jahrhunderts stellte sich der Vatikan der Frage nach einer Fixierung des Osterfestes:

> *„Der päpstliche Stuhl nimmt mit Genugtuung Kenntnis, von der*
> *ausdrücklichen Anerkennung durch den Völkerbund, dass die*
> *Frage der Kalenderreform, insofern sie sich auf die Festlegung*
> *des Osterfestes bezieht, eine in höchstem Grade religiöse*
> *Frage, ist und dass Änderungen, welche in dieser Hinsicht*
> *getroffen werden, obwohl sie keinerlei Schwierigkeiten*
> *hinsichtlich des Dogmas begegnen würden, doch das Verlassen*
> *von tief eingewurzelten Traditionen bedingen, von denen*
> *abzugehen weder rechtmäßig noch erwünscht wäre, es sei*
> *denn aus gewichtigen Überlegungen, welche mit dem*
> *allgemeinen Interesse verbunden sind.*
> *Der päpstliche Stuhl kann indessen keinen genügenden Grund*
> *erkennen, für eine Änderung hinsichtlich der Festlegung von*
> *christlichen Festtagen, besonders des Ostertages, eine*

---

[22] etwa auf dem 2. Sonntag im April, vgl. W.HOERNER, Der Kampf um das bewegliche Osterfest (1998)
[23] W.HOERNER, Der Kampf um das bewegliche Osterfest (1998), p.36

Änderung dessen, was der beständige Gebrauch der Kirche war, ein Gebrauch, der aus frühen Zeiten durch undenkliche Traditionen überliefert und durch Konzilien geheiligt ist. Selbst, wenn darum bewiesen würde, dass eine gewisse Änderung dieser Tradition zum allgemeinen Besten verlangt würde, so würde der päpstliche Stuhl nicht in der Lage sein, die Frage zu erwägen, es sei denn auf den Rat eines ökumenischen Konzils. [24]

Diese Aussage schraubte die Erwartungen vor dem Zweiten Vatikanischen Konzil zusätzlich in die Höhe. [25]

Das Zweite Vaticanum gab seine Erklärung zur Osterfrage im Anhang der Liturgiekonstitution *Sacrosanctum Concilium* ab:

„ERKLÄRUNG DES ZWEITEN VATIKANISCHEN KONZILS ZUR KALENDERREFORM

Das Heilige Allgemeine Zweite Vatikanische Konzil misst dem Verlangen vieler, das Osterfest auf einen bestimmten Sonntag anzusetzen und den Kalender festzulegen, nicht geringe Bedeutung bei. Nach sorgfältiger Abwägung aller Folgen, die aus der Einführung eines neuen Kalenders entspringen können, erklärt es Folgendes:

1) Das Heilige Konzil widerstrebt nicht der Festlegung des Osterfestes auf einen bestimmten Sonntag im Gregorianischen Kalender, wenn alle, die es angeht, besonders die von der Gemeinschaft mit dem Apostolischen Stuhl getrennten Brüder, zustimmen.

2) Ebenso erklärt das Heilige Konzil, dass es sich nicht gegen Versuche wendet, in der bürgerlichen Gesellschaft einen immerwährenden Kalender einzuführen.

---

[24] W.HOERNER, Der Kampf um das bewegliche Osterfest (1998), p.42

[25] Zumal im Jahr 1962 abermals eine Osterparadoxie auftrat: Die Sonne stand am 21.3. um 3:30 Uhr im Frühlingspunkt (= astronomischer Frühlingsbeginn), um 8:46 MEZ des selben Tages war Vollmond; somit wäre am 25.3. Ostersonntag gewesen, doch aufgrund der zyklischen Berechnung der Kirche wurde erst am 22. April Ostern gefeiert. Vgl. W.HOERNER, Der Kampf um das bewegliche Osterfest (1998)

Von den verschiedenen Systemen, die zur Festlegung eines immerwährenden Kalenders und dessen Einführung im bürgerlichen leben ausgedacht werden, steht die Kirche nur jenen nicht ablehnend gegenüber, welche die Siebentagewoche mit dem Sonntag bewahren und schützen, ohne einen wochenfreien Tag einzuschieben, so dass die Folge der Wochen unangetastet bleibt, es sei denn, es tauchten ganz schwerwiegende Gründe auf, über die dann der Apostolische Stuhl zu urteilen hat."[26]

Die Diskussionen um die Festlegung des Ostertermins wurden dem Konzil folgend im ÖRK fortgesetzt. Bei einer Umfrage aus den Jahren 1965/67 waren 97 von 120 Antworten (bei 232 Kirchen !) positiv. Die Antworten kamen jedoch vorwiegend aus westlichen, reformierten Kirchen und kaum von orthodoxer Seite.

3. Orthodoxe Bestrebungen

In der orthodoxen Kirche verfügt jedes Patriarchat über ein eigenes Regelwerk zur Bestimmung des Ostertermins.[27] Zu einer Vereinheitlichung wäre auch dort ein Konzil nötig.

Bereits seit den 70-er Jahren des 20. Jahrhunderts existiert im *Orthodoxen Zentrum des Ökumenischen Patriarchates von Chambésy-Genf* ein *Sekretariat zur Vorbereitung der Heiligen und Großen Synode.* In der Schrift *„Towards the Great Council. Introductory reports of the Interorthodox Comission in preparation for the next Great and Holy Council of the Orthodox Church"* dieses Sekretariats aus dem Jahr 1971 wird unter TOP 5 das Thema *"Concerning the calender and the date of Easter"* behandelt. Darin wird betont, dass die Berechnung gemäß den Vorgaben des Konzil von Nicaea durchzuführen ist, jedoch "gemäß den genauesten Berechnungen, die wissenschaftliche Astronomie geben kann"[28].

Beim Kongress der orthodoxen Kirchen in Chambésy-Genf von 16.-28. Juli 1971 wurden Astronomen aus Russland, Heidelberg, Genf und Athen beauftragt als

---

[26] Zweites Vatikanisches Konzil, Konstitution über die Heilige Liturgie (1963)
[27] vgl. W.HOERNER, Der Kampf um das bewegliche Osterfest (1998)
[28] ebd. p.104

Vorbereitung auf ein panorthodoxes Konzil Tabellen mit astronomischen Osterdaten[29] für die nächsten 200 Jahre zu berechnen.

Ergebnisse wurden beim *„Kongress zur Prüfung der Frage für die Feier eines gemeinsamen Osterfestes mit allen Christen am gleichen Sonntag"* in Chambésy-Genf von 28.6. – 3.7. 1977 diskutiert. Die berechneten Tafeln wurden 1980 in der Zeitschrift *Synodica IV* publiziert.

Zwei Jahre später fand der 2. vorsynodale Panorthodoxe Kongress (3.-12.9.1982) statt, wo die Osterfrage auf eine „günstigere Zeit" verschoben wurde. Ausschlaggeben waren vermutlich Ängste vor Verwirrung und Spaltungen[30] Die Mitarbeiter an den Vorbereitungen gaben jedoch eine richtungweisende Erklärung ab:

> *„1. Die genaue astronomische Berechnung des Ostertermins hängt von der genauen Bestimmung der Tagundnachtgleich und des Vollmondes, der der Tagundnachtgleiche folgt, und von dem Sonntag nach diesem Vollmond, der auf der Basis Jerusalem berechnet wird, ab. Diese Berechnung befindet sich in vollem Einklang mit dem Schreiben und dem Geist der Regel des Ersten Ökumenischen Konzils in Nicäa in Beziehung auf das Datum von Ostern.*
>
> *2. Die heutige Berechnung des Ostertermins weist zwei schwerwiegende Fehler auf:*
>
> *a) Die berechnete Tagundnachtgleiche hinkt der astronomischen dreizehn Tage nach, und*
>
> *b) Der berechnete Vollmond hinkt dem tatsächlichen fünf Tage nach.*
>
> *3. Die astronomische Festlegung des Osterfestes hängt nicht von einem speziellen Kalender oder von einer Näherungsformel ab, sondern basiert auf genauen Beobachtungen und astronomischen Berechnungen.*

---

[29] rein astronomische, nicht ecclesiastisch-zyklische Berechnung, vgl. W.HOERNER, Der Kampf um das bewegliche Osterfest (1998)

[30] W.HOERNER, Der Kampf um das bewegliche Osterfest (1998), p.108
Zumal einige Athos-Mönche klar ihre Meinung zu diesem Thema kundgetan haben!

4. Diese Berechnungen ergeben immer einen Termin des Osterfestes, der hinter dem Festtermin des jüdischen Osterfestes liegt, welcher berechnet wurde auf der Basis dessen, was zur Zeit des Ersten Ökumenischen Konzils galt. Die Juden änderten später das verfahren ihrer Osterberechnung, doch dieses Verfahren weist Fehler auf.

5. Die Dauer des Jahres gemäß dem Neujulianischen Kalender, der in Konstantinopel im Jahre 1923 eingeführt wurde, entspricht weit mehr der astronomischen Jahresdauer, als dies gemäß dem Julianischen oder Gregorianischen Kalender der Fall ist. Der Neujulianische Kalender erweist sich als geeigneter für die annähernd präzise Festlegung der Tagundnachtgleiche.[31]

Gezeichnet: Professor Dr. Georgios Contopoulos, Astronomisches Institut der Universität Athen & Dr. Trudpert Lederle, Astronomisches Recheninstitut Heidelberg, Präsident der Kommission „Ephemeriden" der IAU

Nach einer längeren Pause kam der Prozess gegen Ende der 90-er Jahre wieder in Gang. Bei der ÖRK-Konferenz *„Towards a common date for Easter"* von 5.-10. März 1997 in Aleppo, Syrien waren Vertreter[32] zahlreicher Kirchen und Glaubensgemeinschaften anwesend. Im Konferenztext wird eine Empfehlung für die Erhaltung des beweglichen Osterfestes ausgesprochen. Es zeigt sich, dass die angestrebte Gemeinsamkeit im Osterdatum nach den Konzilsvätern von Nicaea nur durch exakte astronomische Berechnungen der durch das Konzil vorgegebenen Bedingungen möglich ist.[33]

---

[31] W.HOERNER, Der Kampf um das bewegliche Osterfest (1998), p.109f.

[32] Sieben-Tages-Adventisten, Ökumenische Patriarchat (orthodox), Anglikanische Kirche, evangelische Kirchen des Mittleren Ostens, Armenisch-Orthodoxe Kirche, Armenisch-Katholische Kirche, Alt-Katholische Kirche, Römisch-Katholische Kirche, Patriarchat von Moskau, Lutherischer Weltbund, Griechisch-Orthodoxe Kirche, Syrisch-Orthodoxe Kirche, Orthodoxe Kirche in Amerika, Evangelische Kirche in Deutschland. Vgl. W.HOERNER, Der Kampf um das bewegliche Osterfest (1998)

[33] vgl. 15-seitiger Bericht mit Empfehlungen.

APPENDIX

ABKÜRZUNGEN

IAU	....	International Astronomical Union
LThK	....	Lexikon für Theologie und Kirche
ÖRK	....	Ökumenischer Rat der Kirchen

LITERATUR

BACH Josef, Die Osterfest-Berechnung in alter und neuer Zeit. Ein Beitrag zur christlichen Chronologie, In: Wissenschaftliche Beiträge zum Jahresberichte des Bischöflichen Gymnasiums zu Strassburg i.E., Verlag Elsässer, Strassburg 1907

GROTEFEND Otto (Hrsg.), Taschenbuch der Zeitrechnung des deutschen Mittelalters und der Neuzeit, Hahnsche Buchhandlung, Hannover 1935[7]

HOERNER Wilhelm, Der Kampf um das bewegliche Osterfest. Dokumente einer dramatischen Auseinandersetzung, Verlag Urachhaus, Stuttgart 1998

SCHMÖGER Ferdinand von, Grundriss der christlichen Zeit- und Festrechnung in ihrer Entwicklung und gegenwärtigen Gestalt nebst einer vollständigen Darstellung der Gauß'schen Osterformel, Schmidt Verlag, Halle 1854

WOHLMUT Josef, ALBERIGO Giuseppe et al., Dekrete der oekumenischen Konzilien. Bd.1 Konzilien des ersten Jahrtausends, Verlag Ferdinand Schöningh, Paderborn 1998

HAUPT Hermann, Kalendarium des 20. Jahrhunderts, Verlag Grünsfeld, Wien 1969

BIENERT Wolfgang A., Osterfeststreit, In: LThK 7, Herder, Freiburg i. Breisgau 2006

ZWEITES VATIKANISCHES KONZIL, Konstitution über die Heilige Liturgie. Deutsche Übersetzung, Veritas Verlag, Linz Wien Passau 1963